DÉLIRONS AVEC Léon 13

BD, GAGS, JEUX ET PLUS ENCORE !

SPÉCIAL « TREIZE » ÉTRANGE...

PAR

ANNIE GROOVIE

Léon

Merci à
Claude Beaudin,
une hypnologue
super cool

Boooooouh !!!
Boooooouh !!!

EN VEDETTE :

LÉON › NOTRE SUPER HÉROS

Le surdoué de la gaffe, toujours aussi nono et aventurier.

LOLA ›

La séduisante au grand cœur.
Son charme fou la rend irrésistible.

LE CHAT ›

Fidèle ami félin plein d'esprit.
On ne peut rien lui cacher.

BIENVENUE DANS UN MONDE « TREIZE » ÉTRANGE...

Vous connaissez la signification du chiffre **13**, qui est supposément **malchanceux** ? Eh bien, comme nous ne sommes pas superstitieux, nous avons décidé de faire de notre numéro 13 une édition toute **spéciale.** De plus, comme ça fait maintenant un an que les *Délirons avec Léon !* existent, nous profitons de l'occasion pour souligner le tout premier anniversaire de la collection ! Eh oui, un an déjà… Ça passe vite !

Hasard ? Phénomène **inexplicable** ? Mauvais sort ? Appelez ça comme vous voulez, mais pendant que nous préparions ce livre, il s'est passé de **drôles** de trucs : à notre grande surprise, les pages portent toutes le même numéro, le 13 ; certaines **images** ont subi de légères modifications (par exemple, si vous regardez bien la **septième** page, vous remarquerez qu'il manque une couette à Lola ; hum… bizarre !) et, ÉTRANGEMENT, les **THÈMES** des chroniques, les farces et les autres textes ont parfois été adaptés pour l'occasion. Tout cela contribue donc à faire officiellement de ce numéro une édition vraiment très spéciale, un livre ***unique*** !

Sans plus tarder, je vous laisse dévorer ce *Délirons avec Léon !* rempli de choses **BIZARRES**, de phénomènes, disons, plutôt étranges… À vous de les trouver !

Bonne chance… en espérant que vous n'êtes pas trop ***SUPERSTITIEUX*** !

Annie Groovie
XX

Table des matières

J'ai commencé à chauffer ma maison au gaz naturel.
Ouach... Ça doit puer chez vous !

TROP TARD !

Tiens, il neige !
Qu'est-ce que je pourrais bien faire pour en profiter ?
Du patin ? Du ski ?
De la raquette ? Non.
Un fort ? Un bonhomme de neige ?
De la luge !
Oups... La neige a toute fondu...

AH, LE RESTO !

Qu'est-ce que tu prends ?
MENU
Un sandwich au jambon.
!
Tu manges ça tous les jours à l'école ! T'es pas tanné ?
Oui, mais au resto, c'est toujours meilleur !
MENU

CUIT, CUIT !
Oh ! des traces d'oiseau !
Comme c'est mignon...
Il ne faut jamais se fier aux apparences !

VIVE LE CAMPING MODERNE !

ÇA VA ?

TOC, TOC, TOC!
Léon ?
Puis, comment va ta nouvelle planche à neige ?
Trop bien !

GRAND MAGICIEN

MANGER, TOUJOURS MANGER !
On dit que le déjeuner est le repas le plus important de la journée.
Pour moi...
... ils sont tous aussi importants !
Miam, miam...

MAUVAIS CALCUL

RIRA BIEN QUI RIRA LE DERNIER...

PAS BÊTE !

TOUR
ANS
NUTES
Ah non !
DE RETOUR
DANS
15 MINUTES
Je déteste ces pancartes...
Pourquoi ?
DE RETOUR
DANS
MINUT
Eh bien, les gens ne disent pas à quelle heure ils sont partis...
DE RETOUR
DANS
MINU
Donc, on ne sait pas à quelle heure ils vont revenir !
DE RETOUR
DANS
MINUTES
Ah, tiens, c'est pas fou, ça... Il m'impressionne, parfois !

Pause pub

PRODUIT : LES CUBES O-GELÉE

En vente dans un congélateur près de chez vous !

LÉGENDES URBAINES

Tournez la page

Le clown

LÉGENDES URBAINES

La mère du petit cousin de l'homme qui tient un café où une de mes connaissances va souvent affirme que c'est vrai... Karine, c'est son nom, avait engagé une jeune fille pour garder ses enfants pendant que son mari et elle étaient au restaurant. Au bout d'un moment, ils ont reçu un appel sur leur cellulaire. C'était la gardienne, qui voulait savoir si elle pouvait manger le reste de pizza qu'elle avait trouvé dans le frigo. Karine, n'y voyant pas d'inconvénient, a accepté. L'adolescente a ensuite demandé si elle pouvait regarder la télé dans la chambre principale, étant donné que c'était le seul endroit où l'appareil était branché sur le câble. Karine lui a répondu oui. Finalement, la jeune fille a demandé si elle pouvait mettre un drap ou n'importe quoi d'autre sur la statue du clown, dans le salon, qui la rendait nerveuse... Le hic, c'est que le couple ne possédait aucune statue de ce genre! Karine a aussitôt composé le 9-1-1. Les policiers se sont rendus chez elle et y ont arrêté un cambrioleur, qui s'était déguisé en clown pour pouvoir passer inaperçu! Karine ne l'a pas trouvé drôle...

Le chien fidèle

LÉGENDES URBAINES

La cousine du voisin du frère du premier colocataire de mon prof d'escalade, Véro, a vécu une histoire très étrange... Un soir, elle était seule chez elle avec son chien, Albert. Véro n'est pas peureuse, mais il y avait un orage dehors et, pendant la journée, il lui était arrivé toutes sortes de petites choses déplaisantes, si bien qu'elle était un peu tendue. Elle sursautait donc pour un rien. Vers la fin de la soirée, elle a décidé d'aller se coucher, accompagnée d'Albert. Avant qu'elle s'endorme, Albert s'est mis à japper comme un fou, sans que Véro sache pourquoi... Elle s'est levée, a fait le tour de la maison et n'a rien remarqué d'extraordinaire. Elle est donc retournée se mettre au lit. Soudain, elle a cru entendre quelque chose dans la maison. Elle a sorti une main de sous la couverture pour vérifier si son chien était bien là. Albert l'a léchée affectueusement. Elle s'est recouchée, rassurée. Plus tard, un autre bruit, plus fort encore, s'est fait entendre. Elle a vérifié à nouveau si son chien était à ses côtés. Oui, il était toujours là et lui a encore léché la main. Elle n'est donc pas allée voir ce qui se passait, se sentant plus en sécurité dans son lit. Au matin, en pleine lumière, elle s'est sentie plus confiante et a refait le tour de la maison... pour découvrir Albert enfermé dans la salle de bains. On lui avait mis une muselière pour l'empêcher de japper. C'était lui qui avait fait tout ce bruit en essayant de sortir... Mais alors, qui est-ce qui lui avait léché la main durant la nuit ? Après cette histoire, Véro a déménagé !

Le tour est joué!

Voici de bonnes idées de tours à jouer à vos parents et à vos amis... car qui aime bien châtie bien, n'est-ce pas?

1. Faites croire à l'un de vos amis que ses pieds ont allongé ou que ses chaussures ont rapetissé pendant la nuit. Comment? C'est très simple: à l'aide de papier journal, confectionnez de petites boules très compactes. Ensuite, empruntez les chaussures de la personne, sans qu'elle s'en rende compte, évidemment. Placez les boules de papier dans le fond des souliers et assurez-vous que rien n'y paraît. Vous verrez, votre victime mettra un bon moment avant de comprendre ce qui s'est passé...

2. Vous pouvez aussi empêcher une personne de votre entourage de dormir. Pour cela, recouvrez son oreiller de papier d'aluminium, puis enfilez la taie sur le tout. Pas de doute, votre victime se demandera ce qui produit ce bruit bizarre chaque fois qu'elle pose la tête sur son oreiller...

3. Pour ce troisième tour, vous aurez besoin de deux boîtes de conserve de la même taille au contenu totalement différent (une de petits pois et une d'ananas, par exemple). Le but de l'exercice, c'est d'échanger les étiquettes. Pour y arriver, mettez une bouilloire à chauffer, puis passez les boîtes dans la vapeur d'eau. (Attention, c'est très chaud! Enfilez des gants pour protéger vos mains.) Les étiquettes se décolleront facilement, sans se déchirer, et vous pourrez les intervertir. Le plus amusant, avec ce tour, c'est qu'on le prépare sans savoir à quel moment quelqu'un aura besoin du contenu de la boîte; il peut se passer bien du temps avant qu'une personne se fasse avoir! Qui sait? Peut-être serez-vous victime de votre propre tour, au bout de quelques mois...

ET SI ET SI ET SI...

Bienvenue dans un monde où L'IMAGINATION est de mise...

ET SI… LA SEMAINE DES QUATRE JEUDIS EXISTAIT POUR DE VRAI ?

Imaginez un instant ce que ça changerait…

> Tout le monde prendrait le jeudi de congé cette semaine-là.

> Ce serait mêlant, surtout les années bissextiles.

> Les employés qui reçoivent leur paie le jeudi seraient très heureux.

> Ceux dont les émissions préférées sont diffusées le jeudi passeraient des heures et des heures devant la télé cette semaine-là.

> On finirait quand même par avoir hâte au vendredi…

ET SI... CE LIVRE N'ÉTAIT PAS RÉEL ?

Imaginez un instant ce que ça changerait...

> Vous seriez en train de regarder le mur, vos deux mains ouvertes devant vous.

> Si des gens vous voyaient, ils vous trouveraient pas mal bizarres...

> Vous n'auriez plus peur de le tacher en renversant un verre de jus dessus.

> Vous devriez l'inventer et l'écrire vous-mêmes !

> Vos parents trouveraient que vous avez une imagination débordante parce que vous parleriez toujours de votre amie imaginaire, Annie Groovie...

Devinettes

Quand un fantôme en voit un autre, qu'est-ce qu'il lui dit ?

Rien : les fantômes ne se voient jamais, ils sont invisibles !

Comment appelle-t-on une chauve-souris qui porte une perruque ?

Une souris...

Quelle est la sorte de pain préférée des chefs d'orchestre ?

La baguette...

Pourquoi faut-il se mettre à l'abri quand il commence à faire noir ?

Parce que la nuit va tomber.

Quel type d'habitation les monstres préfèrent-ils ?

La maison « en T ».

Comment sait-on si une sorcière est moderne ?

On regarde si elle vole sur un aspirateur...

Quel est le fleuve favori des acteurs ?

La Seine.

Comment fait-on le ménage d'une maison hantée ?

On dépoussière avec le balai de la sorcière, on sort le squelette du placard, on ramasse les poils du loup-garou et on change la litière du chat noir.

Quelle sorte de muffins les musiciens préfèrent-ils ?

Les muffins au son...

Qu'est-ce qui a 30 yeux, 77 dents, 43 griffes par doigt et de la bave verte sur le coin de la bouche ?

Je ne sais pas, mais si je rencontrais cette créature, je ne m'en approcherais pas...

L'EN-CYCLOPE-ÉDIE

L'ÎLE MYTHIQUE D'ATLANTIDE

Vous avez probablement déjà entendu parler de ce continent perdu qui aurait disparu en un jour à cause d'un gigantesque raz-de-marée... Les dieux, irrités de voir que les habitants se croyaient plus importants qu'eux, auraient décidé d'engloutir leur île, située entre l'Afrique et l'Amérique du Sud, dans l'océan Atlantique. Oh oui, les dieux, mieux vaut les avoir de son côté... Vous l'avez compris, cet article de l'En-cyclope-édie traite du continent mythique d'Atlantide !

Ne nous emportons pas !

Tout d'abord, soyons sérieux : RIEN ne prouve que le continent perdu a réellement existé. C'est d'ailleurs ce qui fait le charme de cette histoire... En effet, même si l'on n'a jamais trouvé la moindre preuve de l'existence d'Atlantide, on en parle depuis l'époque des Grecs anciens, c'est-à-dire depuis 2400 ans ! Ceux-ci croyaient que l'événement s'était produit... 9000 ans plus tôt. Qu'est-ce qui a suscité un intérêt si formidable qu'il dure encore aujourd'hui ?

Les Atlantes

C'est que les habitants d'Atlantide, les Atlantes, sont décrits comme des gens très évolués sur le plan technologique (ils auraient fabriqué des bateaux puissants et même des engins volants !). Voilà ce qui fascine tant les personnes qui font des recherches sur le sujet. Pensez-y : il y a près de 12000 ans de cela, une machine semblable à nos avions aurait existé... Que serait-il advenu de la planète, peuplée par des gens aussi avancés, si une gigantesque vague n'était pas venue détruire leur civilisation? Les chercheurs passionnés de l'Atlantide pensent que certaines de leurs technologies étaient même supérieures aux nôtres. On a lancé des idées encore plus farfelues, en prétendant notamment que les Atlantes auraient été des extraterrestres... Hum...

Coïncidences?

Par ailleurs, des ressemblances entre les civilisations inca et aztèque, qui régnaient sur l'Amérique du Sud avant l'arrivée des Européens, et celle de l'Égypte ancienne ont intrigué bien des gens. Eh oui, ces peuples sud-américains savaient construire des pyramides (on en trouve au Mexique, par exemple) et momifier leurs morts, comme les Égyptiens! On a donc pensé que quelqu'un aurait pu transmettre ce savoir d'un côté à l'autre de l'Atlantique.

MEXIQUE

ÉGYPTE

Il existe également des histoires provenant de différentes cultures selon lesquelles un peuple entier aurait été englouti par les flots, comme les Atlantes. L'exemple le plus connu est tiré de la Bible. On y raconte la catastrophe du Déluge, en expliquant que Noé aurait construit une arche pour survivre sur l'eau pendant 40 jours. D'autres textes grecs et romains font aussi allusion à une inondation destructrice.

Alors, qu'en pensez-vous ?
L'Atlantide a-t-il vraiment existé ailleurs que dans la tête de quelques illuminés ? En fait, même si ce continent était sorti tout droit de l'imagination d'un Grec qui aurait inventé toute l'histoire, il a fasciné tellement de gens que des centaines de livres et de films en sont inspirés. On ne s'en plaindra pas !

Faites de la soupe... aux yeux !

Ingrédients :

- Des globes oculaires (des litchis en boîte)
- Des pupilles (des bleuets ou des pépites de chocolat)
- Du sang pour le bouillon (du jus de raisin mélangé à du jus d'orange)

Mélanger d'abord les jus afin de créer un bouillon. S'assurer d'obtenir une teinte qui se rapproche de celle du sang, en ajustant la quantité de chacun des jus.

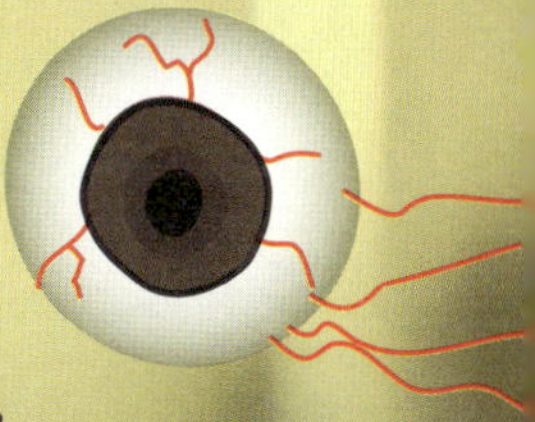

Fourrer ensuite chacun des litchis avec des bleuets ou des pépites de chocolat.*

Enfin, disposer les fruits dans le bouillon.

Voilà! Vous avez devant vous une magnifique soupe aux yeux!

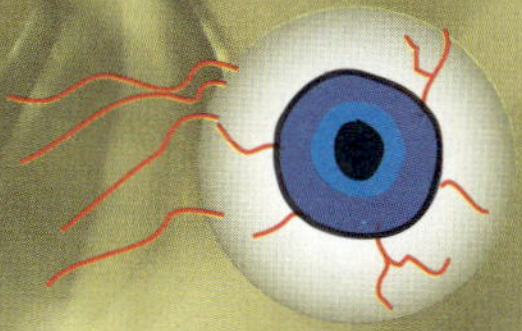

* Il faut faire bien attention à ne pas se couper en ouvrant et en manipulant la boîte de conserve. Au besoin, demander l'aide d'un adulte.

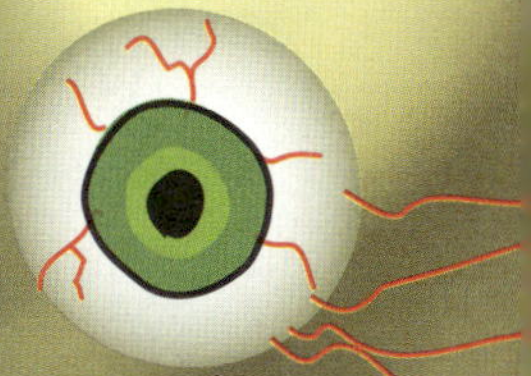

Énigme

Une voiture noire s'engage
dans une petite ruelle où
il n'y a pas de lampadaire,
les phares éteints.
Soudain, un chat noir
apparaît juste devant l'auto.
Le conducteur freine pour
le laisser passer, puis repart
tranquillement...

Comment a-t-il pu voir le chat ?

Réponse à la page 13

BOUH !

Lola, fais-moi peur !
Non.
Allez, s'il te plaît, fais-moi peur !
NON !
BOUH !
AHHH !

DRÔLE DE PEUR...
De quoi as-tu peur, toi ?
Euh... attends que j'y pense...
J'ai peur de prendre l'avion !
T'as peur de prendre l'avion ?
!
!
Tiens, j'ai pris l'avion. Je ne vois pas ce qu'il y a d'épeurant là-dedans !

COULEUR RIME AVEC PEUR

LE SUMMUM DE LA PEUR...

LES P'TITES BIBITES MANGENT PAS LES GROSSES

PEUR DU RIDICULE ?

NOIR DE PEUR...

Il fait vraiment noir, la nuit...
Je n'aime pas trop ça...
Je comprends pourquoi y en a qui passent des nuits blanches...
Ça doit être bien moins épeurant...

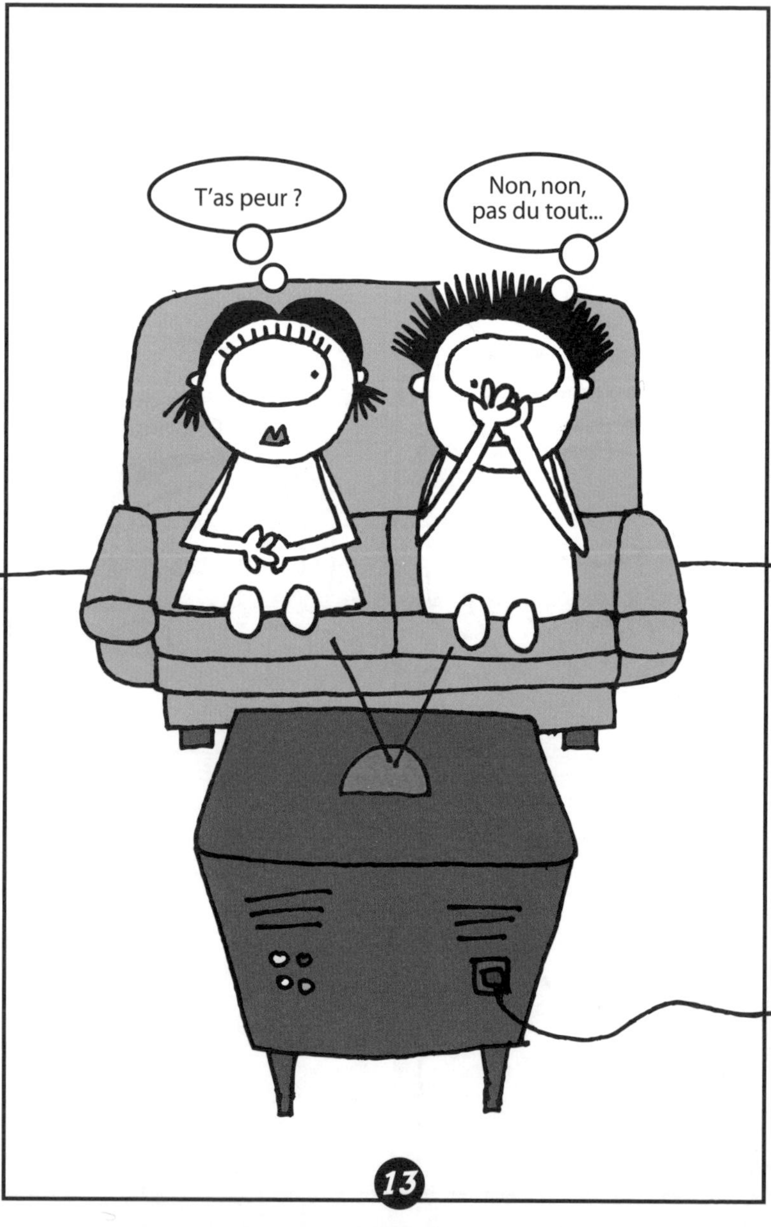
T'as peur ?
Non, non, pas du tout...

QUE FAIRE DE VOS 10 DOIGTS À PART TRICOTER...

IMPRESSIONNEZ VOS AMIS AVEC UN TOUR DE MAGIE !

VOUS AUREZ BESOIN D'UNE FEUILLE DE PAPIER ET DE SIX PETITS PAPIERS COLLANTS.

A

Ce truc nécessite un peu de préparation. Vous devez d'abord inscrire six mots différents, n'importe lesquels, sur une feuille de papier.

B

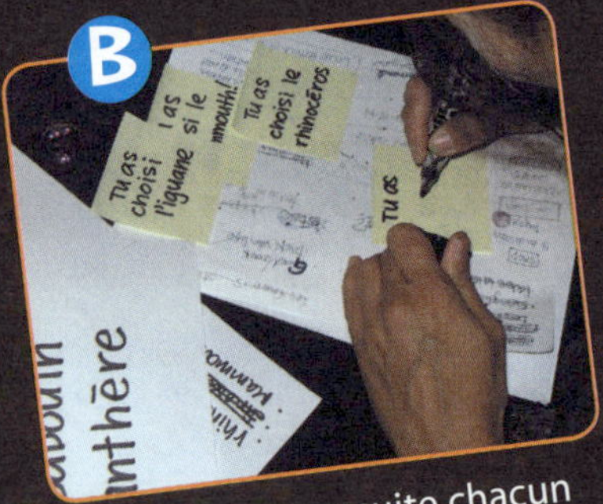

Retranscrivez ensuite chacun de ces mots sur un petit papier collant, en précisant : « Tu as choisi le rhinocéros ! Tu as choisi l'iguane ! Tu as choisi le mammouth ! », etc.

C

Quand vous aurez terminé, vous obtiendrez ceci. Vous êtes bientôt prêts à commencer...

La toute dernière étape consiste à cacher minutieusement les six petits papiers collants un peu partout dans la pièce où vous prévoyez exécuter le tour. Il est très important de prêter une attention particulière aux différents endroits où vous placez chacun d'entre eux. Par exemple, vous devrez vous rappeler facilement et rapidement où se trouve le papier portant l'inscription: « Tu as choisi le mammouth! » si c'est ce mot que le public a sélectionné.

Ça y est, vous êtes prêts à commencer !

Présentez la feuille sur laquelle se trouvent vos six mots à votre public et demandez à une seule personne d'en choisir un, à voix haute, devant tout le monde.

Puis, une fois le mot choisi, afin de ne pas dévoiler votre truc, vous devez vous rappeler instantanément où se trouve le fameux papier collant où il est inscrit...

(« Il est sous la table ! » vous direz-vous par exemple... dans votre tête, évidemment !)

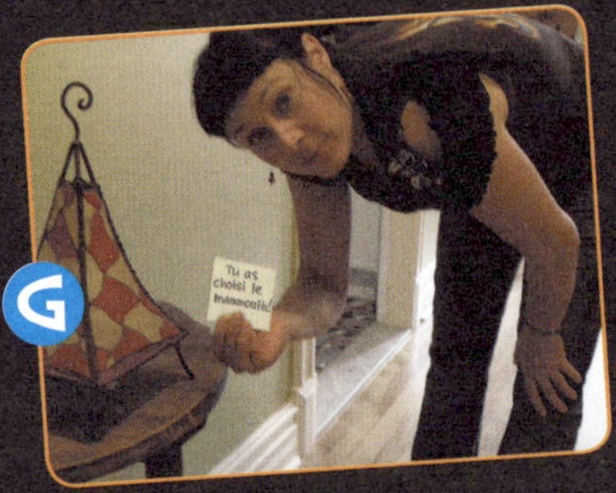

Rendez-vous immédiatement à l'endroit où se trouve le bon papier et sortez-le de sa cachette, puis lisez-le à voix haute :

«Tu as choisi le mammouth !»

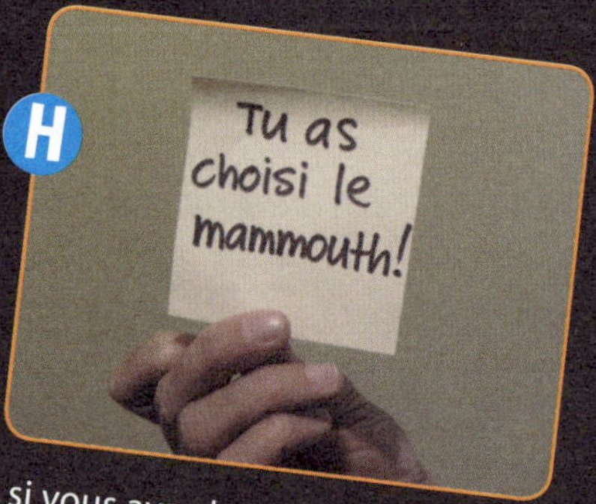

À ce moment, si vous avez bel et bien sorti le bon papier de sa cachette, le tour sera parfaitement réussi. « Mais comment a-t-il (ou elle) pu deviner que je choisirais ce mot ? C'est incroyable ! » s'exclamera la personne. Vous serez alors considérés comme de grands magiciens !

Petit conseil :

Vous ne pouvez évidemment pas faire ce truc deux fois de suite devant le même auditoire, car les gens verront rapidement comment vous vous y prenez.

Pause pub

Vous avez un chat dans la gorge?

TEST : CONNAISSEZ-VOUS LES SUPERSTITIONS ?

1. Qu'arrive-t-il si on brise un miroir ?

a) On est condamné à subir sept ans de malheurs.
b) Il pleut le lendemain.
c) On a droit à sept ans de bonheur.
d) Un lutin apparaît et nous souhaite une bonne année.

2. Que faut-il faire pour contrer le mauvais sort quand on renverse une salière?

a) Crier trois fois « Chazame ! »
b) Prendre une pincée de sel et la jeter par-dessus son épaule
c) Lécher le sel répandu
d) Jeter un chat par-dessus son épaule

3. Quel chat porte malheur ?

a) Le Chat botté
b) Le Chat, l'ami de Léon
c) Le chat noir
d) Le chat perché

4. Laquelle de ces actions provoque la malchance ?

a) Marcher sous un escalier
b) Marcher sous l'eau
c) Marcher sous un éléphant
d) Marcher sous une échelle

5. Si un oiseau entre en collision avec une fenêtre de la maison, cela signifie...

a) ... que la fenêtre est trop propre.
b) ... qu'une personne va mourir.
c) ... que l'oiseau a un peu trop bu.
d) ... qu'il faut déplacer la maison, car elle est mal située.

6. Que peut-on faire pour s'assurer qu'il fera beau dans les prochains jours ?

a) Accrocher des vêtements à son chapelet
b) Suspendre un chat sur la corde à linge
c) Enrouler un chapelet sur un chat
d) Mettre un chapelet sur la corde à linge

7. Lequel des nombres suivants porte malheur ?

a) Le 7
b) Le 16
c) Le 13
d) Le 92

8. Lequel de ces végétaux porte chance ?

a) Le trèfle à quatre feuilles
b) L'herbe à chat
c) Le gazon coupé court
d) Le baobab

9. Quel animal a toujours un objet chanceux sur lui ?

a) Le chat, si on lui a mis une clochette
b) Le cheval, qui a quatre fers sous ses sabots
c) Le chien, s'il porte un collier
d) La poule, quand elle pond un œuf

10. Que faut-il éviter de dire à un acteur avant qu'il entre en scène ?

a) Merde !
b) Bonne chance !
c) Bonne année !
d) On peut tout lui dire, tant qu'il n'y a pas de chat dans les environs.

Réponses à la page 13

RÉSULTATS DU TEST

Entre 8 et 10 bonnes réponses :
Bravo ! Les superstitions n'ont plus de secret pour vous. Vous savez reconnaître les signes et contrer la malchance.

Entre 4 et 7 bonnes réponses :
Pas mal. Les gens de votre entourage vous ont sans doute parlé des superstitions, mais vous n'avez pas été assez intéressés pour lire sur le sujet. Au moins, vous avez une bonne mémoire !

3 bonnes réponses ou moins :
Eh bien, vous ne vous en faites pas du tout avec les superstitions ! Vous menez votre vie sans vous en faire avec les signes de toutes sortes. Au fond, vous avez peut-être raison.

Le Métier Super Cool

Étrange... hypnologue

Claude Beaudin, dans l'ombre, avec un instrument dont on se sert très peu de nos jours, un pendule

Claude Beaudin

Vous avez peut-être déjà vu, durant un spectacle de magie, quelqu'un se faire hypnotiser à l'aide d'un pendule. Au cours de ce genre de numéro, pour amuser le public, le magicien fait faire toutes sortes de gestes bizarres au cobaye qu'il a choisi dans la foule.

Cependant, saviez-vous que certaines personnes pratiquent l'hypnose pour gagner leur vie et que la thérapie par hypnose peut aider des gens à régler leurs problèmes ? Voyons en quoi consiste exactement ce métier super étrange avec Claude Beaudin, hypnologue.

• QUE FAIT UN HYPNOLOGUE ?

De façon générale, il aide ses patients à atteindre, au moyen de l'hypnose, un état d'esprit qui leur permet de se concentrer sur leurs forces intérieures. Ils peuvent ensuite travailler à résoudre leurs difficultés personnelles ou encore à se relaxer.

• QUEL GENRE DE DIFFICULTÉS PEUT-ON SURMONTER GRÂCE À L'HYPNOSE ?

Des problèmes en tout genre ! Les phobies, les tics nerveux, le manque de confiance en soi, le stress, les crises de panique, les cauchemars récurrents, les problèmes de poids, etc.

• COMMENT L'HYPNOSE AIDE-T-ELLE LES GENS À SE RELAXER ?

L'hypnose consiste à faire entrer une personne dans un état de sommeil artificiel provoqué par la suggestion. Par exemple, un patient qui vient me voir en plein hiver, alors qu'il fait très froid, peut me demander de le ramener en pensée sur la plage du Mexique où il a passé ses vacances l'année dernière. Grâce à l'hypnose, je réussis, en lui suggérant un état, à le « transporter » dans l'environnement de son choix. Évidemment, tout au long de la séance, la personne reste assise dans le fauteuil de mon bureau ; elle a seulement l'impression d'avoir été sur une plage. De cette façon, elle réussit à se relaxer !

• COMMENT ÊTES-VOUS DEVENUE HYPNOLOGUE ?

J'étudiais la psychologie à l'université lorsque j'ai eu mon premier cours sur l'hypnose. C'était en 1984, et il s'agissait d'un cours de base. À l'époque, le côté thérapeutique de cette pratique n'avait pas encore été prouvé. Moi, j'ai tout de suite compris qu'il y avait quelque chose d'intéressant dans l'hypnose. Lorsque j'ai ouvert mon premier bureau de psychothérapie en 1987, j'ai commencé à en intégrer des éléments dans mes interventions avec mes patients. Voyant que les résultats étaient concluants, j'ai décidé de suivre des cours spécialisés en hypnothérapie.

• QU'EST-CE QUE VOUS TROUVEZ LE PLUS COOL DANS VOTRE MÉTIER ?

Être constamment en relation avec les gens. J'aime bâtir un lien de confiance avec les personnes qui viennent me consulter. En plus, c'est très gratifiant d'aider les autres en les amenant à régler certains de leurs problèmes.

• QU'EST-CE QUE VOUS TROUVEZ LE MOINS COOL ?

Que les gens me prennent pour un médecin, ce qui arrive parfois. Je suis ce qu'on appelle une travailleuse de la santé, mais l'hypnose est considérée comme un traitement alternatif. Comme je n'ai pas reçu de formation en médecine, je n'ai pas le droit de recommander des médicaments aux personnes qui viennent me consulter. Parfois, les gens insistent et voudraient que je leur donne des conseils par rapport à leur médication. La seule chose que je peux leur dire dans ces cas-là, c'est : « Va voir ton médecin, c'est lui qui pourra te répondre. »

• QUELLES SONT LES QUALITÉS NÉCESSAIRES POUR ÊTRE UN BON HYPNOLOGUE ?

Il faut avoir une bonne capacité d'écoute, car les gens confient souvent à leur thérapeute des choses qu'ils n'osent dire à personne d'autre. De plus, on doit faire preuve d'un grand respect et ne jamais juger les personnes qui viennent se faire hypnotiser. Enfin, il faut être doté d'une grande capacité d'analyse et d'observation pour arriver à comprendre ses patients aussi bien en les écoutant qu'en étudiant leurs comportements.

Quelle est la qualité la plus importante que doit posséder un hypnologue ? La capacité d'écoute !

• EST-CE QUE VOUS UTILISEZ DES OUTILS PARTICULIERS, COMME LE PENDULE, POUR PLACER QUELQU'UN SOUS HYPNOSE ?

Personnellement, je n'ai plus recours au pendule, sauf si on m'en fait spécialement la demande. Les gens associent souvent cet outil aux spectacles de magie, et cela enlève un peu de sérieux à l'hypnothérapie. Toutefois, le pendule est très efficace ; pour hypnotiser une personne, il faut centrer son attention sur un point particulier et l'amener à se relaxer. Le mouvement de balancier du pendule est tout désigné pour ce faire. Parfois, j'utilise un métronome (appareil servant à marquer la pulsation rythmique d'une pièce de musique), qui donne le même résultat. En plus, le métronome contribue à abaisser le rythme cardiaque du patient grâce au son régulier qu'il émet, dont la vitesse peut être contrôlée. Il m'arrive aussi, à la demande des gens qui me consultent, de faire jouer de la musique relaxante durant les séances. C'est à leur discrétion. Chaque hypnologue a sa propre façon de faire.

• Y A-T-IL DES ÉCOLES OÙ ON FORME LES HYPNOLOGUES ?

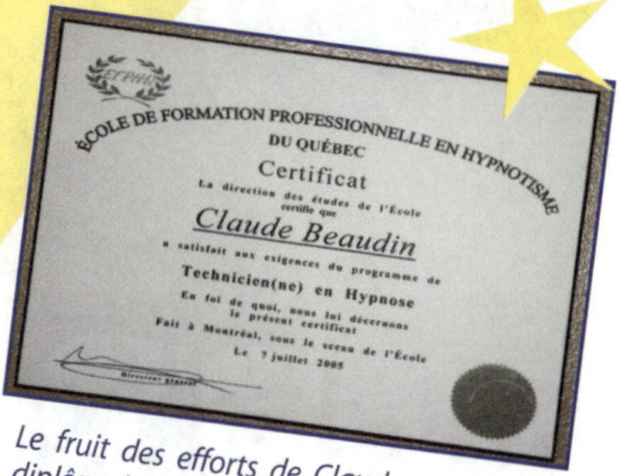

Le fruit des efforts de Claude : un beau diplôme !

L'école de formation professionnelle en hypnose du Québec est celle où j'ai suivi la majorité de mes formations. C'est un établissement reconnu par le ministère de l'Éducation. J'ai également complété un baccalauréat en psychologie à l'Université du Québec à Trois-Rivières. Avoir étudié la psychologie, une discipline enseignée dans toutes les universités, est très utile quand on veut pratiquer l'hypnothérapie. Je pense même que c'est nécessaire si l'on souhaite devenir un bon hypnologue.

• Y A-T-IL UN MESSAGE QUE VOUS AIMERIEZ LIVRER ?

L'hypnose est un domaine en plein développement. Il y a 20 ans, l'hypnothérapie était inexistante. Aujourd'hui, les gens font de plus en plus confiance à cette méthode, étant donné les résultats concluants qu'elle permet d'obtenir. Elle peut être utilisée dans différents domaines liés à la santé : de plus en plus de professionnels tels que les psychologues, les dentistes et les anesthésistes s'en servent. C'est donc une profession de plus en plus reconnue, qui mérite qu'on s'y intéresse !

COORDONNÉES :

Claude Beaudin est membre de l'Association des hypnologues du Québec, de l'Association nationale des naturothérapeutes ainsi que de l'Ordre canadien des praticiens de naturopathie et des naturothérapies.

ADRESSE COURRIEL : **hypnose_2006@yahoo.ca**
TÉL. : **514 668-4288**
Pour plus d'information sur l'hypnose :
WWW.HYPNOSEMONTREAL-LAVAL.COM

TERRAIN DE JEUX

solutions à la page 13

TROIS CHANCES, PAS PLUS !

Léon a trois chances de prendre le bon chemin, celui qui le conduira à sa pointe de pizza fumante.

Sans tricher, essayez un premier chemin au hasard. S'il vous conduit à une bombe, vous perdez une vie : il vous faut donc barrer une tête de Léon dans le rectangle ci-dessous, et ainsi de suite. Le but est d'arriver à la pointe de pizza avant de ne plus avoir de vies, comme dans un jeu vidéo ! Bonne chance...

Jeu mathématique

Complétez le tableau suivant !

Des ovnis ont capturé des chiffres. Trouvez les chiffres manquants, avant qu'ils soient tous enlevés par les ovnis. Les cases rouges remplacent des nombres pairs, et les cases vertes, des nombres impairs.

4 x ⬢ = 16

⬢ + 11 - 6 + 15 = 31

50 - ⬢ = 40

10 + 4 + ⬢ + 20 = 49

2 + 5 + 2 + 5 + 2 + ⬢ = 21

1 + 2 + 3 - ⬢ + 5 + 6 - 7 + 8 + 9 - 10 = 13

15 x ⬢ + 3 = 33

33 ÷ 11 = ⬢

Combien y a-t-il de chats noirs dans cette image ?

BANQUE

Associez ces différentes silhouettes aux noms de dinosaures ci-dessous.

Il y a quelques indices pour vous aider...

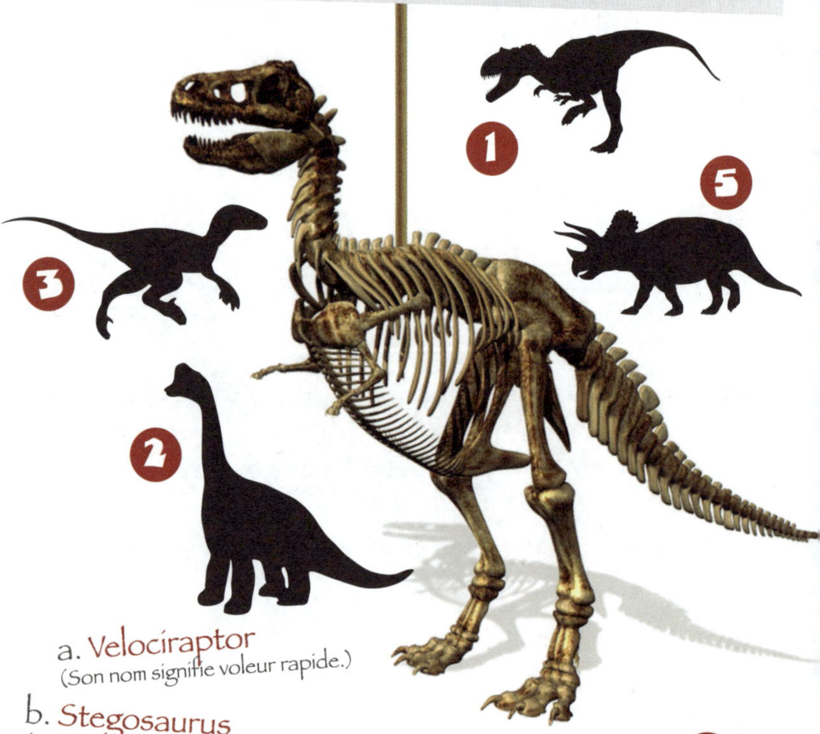

a. Velociraptor
(Son nom signifie voleur rapide.)

b. Stegosaurus
(Pour se défendre, il utilisait sa queue...)

c. Brachiosaurus
(Le plus grand et le plus lourd des dinosaures)

d. Tyrannosaurus rex
(C'est un méchant carnivore...)

e. Triceratop
(Son nom signifie tête à trois cornes...)

COMBIEN DE LÉON COMPLETS POUVEZ-VOUS RECONSTITUER AVEC TOUS CES MEMBRES ?

MOTS EN PYRAMIDE

Indice: Les mots à trouver contiennent tous la lettre A en plein milieu...

						A					
1.						A					
2.						A					
3.						A					
4.						A					
5.						A					

1. Faites le bien, pas le...
2. Quand ils sont noirs, on dit qu'ils portent malheur...
3. Synonyme de bizarre...
4. Participe présent du verbe effrayer...
5. Quand on n'a vraiment pas de chance, on dit qu'on est...

QUEL EST L'INTRUS ?

Ça t'arrive d'avoir des remords ?
Des RATS MORTS !!! Où ça ?

AYEZ L'AIR INTELLIGENTS

en sachant expliquer les trucages utilisés dans les films d'horreur !

Parce que même si on aime croire aux images qu'on voit au cinéma, tout, des monstres les plus horribles jusqu'au sang qui gicle, oui, tout est truqué !

Il existe trois types d'effets spéciaux :

on peut créer des illusions d'optique au moment du montage ou en retouchant la pellicule ; on peut recourir à des maquettes pour simuler, par exemple, la destruction d'une ville par King Kong (il s'agit alors d'effets manuels) ; on peut utiliser le maquillage et les costumes pour obtenir l'illusion souhaitée.

Superposition d'images

Prenons l'exemple d'un monstre qui apparaît soudain derrière sa victime. Cette dernière est seule dans une ruelle, et tout à coup, pouf ! la créature se retrouve derrière elle. Comment obtient-on cet effet visuel ? C'est bien simple : on procède à une superposition d'images. On filme le personnage seul, puis on coupe. Ensuite, on filme le monstre et le personnage, puis on coupe à nouveau. Enfin, au montage, on superpose ces deux images. Le spectateur aura donc l'impression de voir la créature surgir derrière la victime.

Maquettes ou marionnettes

Les effets manuels, eux, sont produits à l'aide de maquettes ou de marionnettes dont on se sert pour créer des êtres hors du commun. Ainsi, dans les premiers volets de *La guerre des étoiles*, qui ont été tournés dans les années 1970, le personnage de Yoda était en réalité une marionnette.

Maquillage et costumes

Enfin, on se sert du maquillage et des costumes dans la plupart des films d'horreur pour que les monstres aient l'air aussi vrais que possible. Freddy, le tueur de la série de films du même nom, portait un maquillage très particulier. Les masques aussi sont très utilisés. Ils peuvent être faits de papier mâché (pour les films à très petit budget!) ou de silicone, une substance qui imite presque parfaitement la peau.

Par ailleurs, qu'est-ce qu'on voit systématiquement dans les films d'horreur? Du sang! Contrairement à ce que vous pensez peut-être, pour créer une imitation crédible, on n'a pas recours au ketchup, qui est beaucoup trop épais. La plupart du temps, on se sert plutôt d'une substance telle que le sirop de maïs coloré, qui produit l'effet voulu.

Voilà! Armez-vous d'une caméra: vous êtes prêts à tourner votre premier film d'horreur...

GRAND BÂTISSEUR...

DÉCEVANT...
Salut !
Salut !
Qu'est-ce que c'est ?
C'est un bâton d'encens.
Hein ! Cool ! J'ai hâte de voir ça...
Dis donc...
... il ne danse pas fort, ton bâton « dansant »...

HAUT LES MAINS !
Tu sais pas ce que j'ai vu aujourd'hui ?
Non.
Un voleur se faire arrêter par la police...
Ah oui ?
Oui, et le policier lui a dit : « Rendez-vous, vous êtes cerné ! »
Franchement, c'est insultant pour le voleur...
Insultant ?
Et comment !
!
Aimerais-tu ça qu'on te dise que tu as l'air fatigué devant tout le monde ?

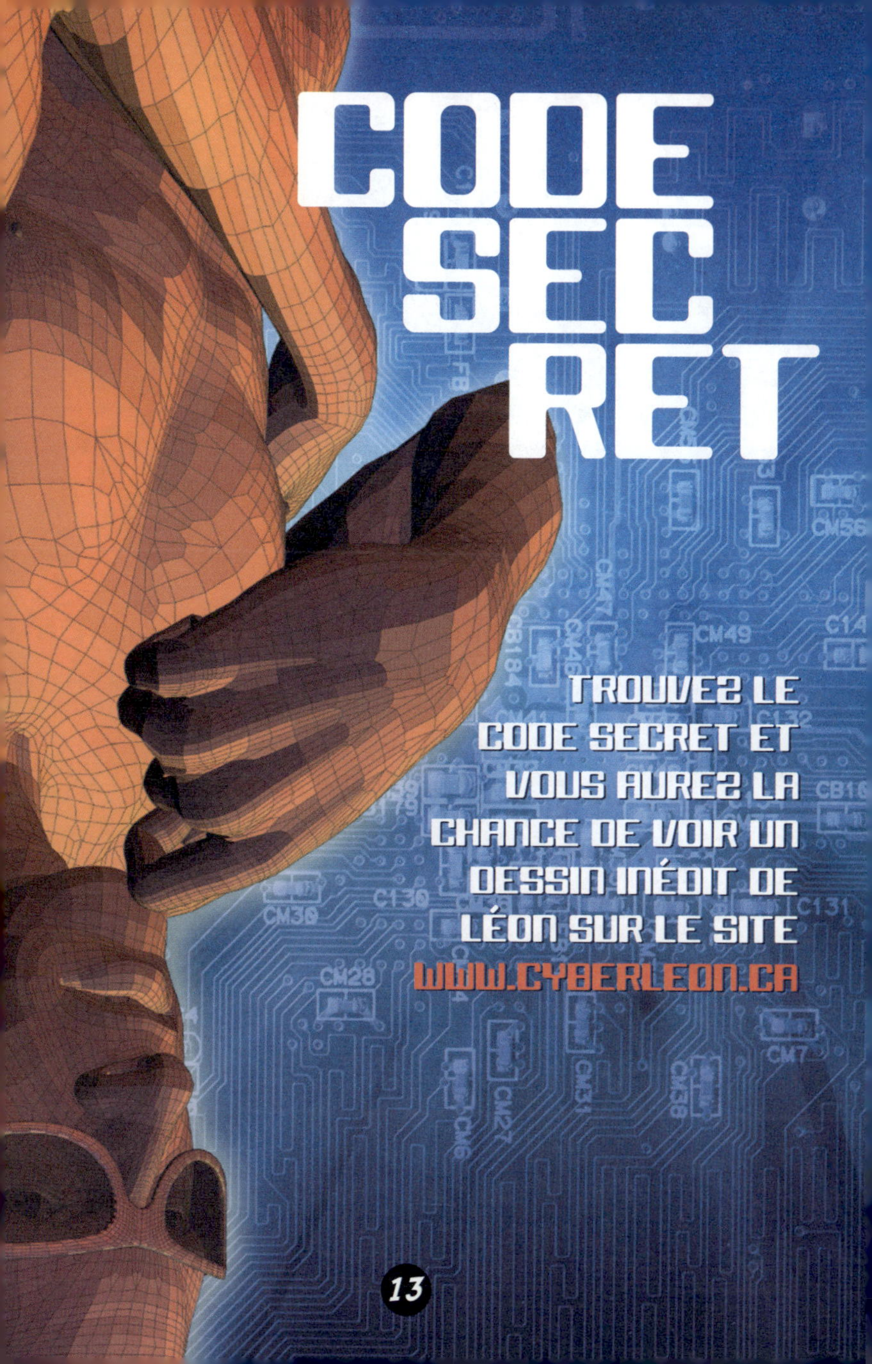
CODE SECRET
TROUVEZ LE CODE SECRET ET VOUS AUREZ LA CHANCE DE VOIR UN DESSIN INÉDIT DE LÉON SUR LE SITE
WWW.CYBERLEON.CA

Code en hiéroglyphes

Un hiéroglyphe est un caractère très ancien de l'écriture égyptienne.

Les dessins qui composent cette écriture représentent des signes, des objets divers, des plantes ou des figures de dieux, d'humains ou d'animaux.

Apparue au début du quatrième millénaire avant notre ère (4000 ans av. J.-C.), elle sera utilisée pendant plus de 3000 ans.

Pour découvrir le code secret, c'est facile, vous n'avez qu'à vous servir de la grille codée, à la page suivante, où chaque hiéroglyphe est associé à une lettre de l'alphabet.

Alphabet codé

CODE SECRET... DE 13 LETTRES !

*ATTENTION, CE CODE APPARAÎTRA À L'ENVERS.
BIEN LIRE LES INSTRUCTIONS CI-DESSOUS...

Une fois que vous aurez trouvé toutes les lettres, lisez le résultat à l'envers, c'est-à-dire de la dernière lettre à la première, et vous obtiendrez le bon code secret. Retranscrivez-le à la page suivante. C'est ce code final qui vous donnera accès au fameux dessin inédit de Léon que vous pourrez imprimer et colorier à votre goût.

Code secret

final

Il ne vous reste plus qu'à entrer ce code secret (tout en majuscules, en prenant bien soin de coller toutes les lettres, sans laisser aucun espace et sans mettre de point à la fin) sur le site WWW.CYBERLEON.CA dans la section « Bonbons ».

ANNIE GROOVIE À VOTRE ÉCOLE

Cool!

EH OUI, ANNIE GROOVIE FAIT DES TOURNÉES DANS LES ÉCOLES ! VOUS TROUVEREZ TOUTE L'INFORMATION SUR LE SITE INTERNET WWW.CYBERLEON.CA.

À BIENTÔT PEUT-ÊTRE !

Photo : Dominique Malaterre

Annie Groovie voit le jour le 11 avril 1970, à 19 h 15, en plein souper de cabane à sucre. Elle grandit heureuse et comblée à Québec. Très tôt, elle développe un goût profond pour la création (et pour les sucreries...). Dès l'âge de huit ans, elle remporte son premier concours de dessin, grâce à son originalité.

Annie est diplômée en arts plastiques et bachelière en communications graphiques. Elle exerce le métier de conceptrice publicitaire depuis plusieurs années à Montréal, où elle habite depuis 1994 (eh oui, elle vieillit...).

Annie est une grande adepte de la gymnastique ainsi qu'une mordue de cirque et d'acrobaties de toutes sortes. En 1997, elle est sélectionnée par le Cirque du monde et part trois mois au Chili pour enseigner les arts du cirque aux enfants de la rue.

En 2003, Annie Groovie se découvre une toute nouvelle passion : la création de livres pour enfants. Aujourd'hui, les albums consacrés à son personnage de Léon « roulent » à merveille. Elle a un projet de dessins animés en production, et vous tenez présentement le treizième numéro d'une série de livres tout à fait délirants !

SOLUTIONS SOLUTIONS SOLUTIONS SOLUTIONS

p. 13-13
TEST : ... les superstitions ?
1.a 2.b 3.c 4.d 5.b 6.d 7.c 8.a 9.b 10.b

p.13
Combien de Léon complets...
7

p. 13
QUEL EST L'INTRUS ?
LE TRÈFLE À QUATRE FEUILLES. TOUS LES AUTRES ÉLÉMENTS SONT ASSOCIÉS À LA MALCHANCE, ALORS QUE LE TRÈFLE À QUATRE FEUILLES EST SUPPOSÉ PORTER CHANCE !

P.13
Mots en pyramide
1. Mal
2. Chats
3. Étrange
4. Effrayant
5. Malchanceux

p.13
Dinosaures
1.d 2.c
3.a 4.b
5.e

p.13
Jeu mathématique
4, 11, 10, 15, 5, 4, 2, 3

P.13 Énigme
On n'a jamais dit que c'était la nuit! L'automobiliste n'a eu aucun mal à voir le petit animal...

p.13-13
Combien y a-t-il de chats noirs?
Il y en a 13.

LÉON A MAINTENANT

1

Léon et les expressions

Léon et les superstitions

RIGOLONS AVEC LÉON !

Léon et les bonnes manières

Léon et l'environnement

DEUX COLLECTIONS !

DÉLIRONS AVEC LÉON ! 2

Les éditions de la courte échelle inc.
5243, boul. Saint-Laurent
Montréal (Québec) H2T 1S4
www.courteechelle.com

Conception, direction artistique et illustrations : Annie Groovie
Direction du projet : Amélie Couture-Telmosse
Collaboration au contenu : Amélie Couture-Telmosse, Philippe Daigle et Joëlle Hébert
Collaboration à la direction artistique : Omeech
Révision : André Lambert et Valérie Quintal
Infographie : Nathalie Thomas
Muse : Franck Blaess

Une idée originale d'Annie Groovie

Dépôt légal, 2e trimestre 2008
Bibliothèque nationale du Québec

La courte échelle reconnaît l'aide financière du gouvernement du Canada par l'entremise du Programme d'aide au développement de l'industrie de l'édition pour ses activités d'édition. La courte échelle est aussi inscrite au programme de subvention globale du Conseil des Arts du Canada et reçoit l'appui du gouvernement du Québec par l'intermédiaire de la SODEC.

La courte échelle bénéficie également du Programme de crédit d'impôt pour l'édition de livres — Gestion SODEC — du gouvernement du Québec.

Catalogage avant publication de Bibliothèque et Archives nationales du Québec et Bibliothèque et Archives Canada

Groovie, Annie

Délirons avec Léon

Pour enfants de 8 ans et plus.
Sommaire : no 13. Spécial « treize » étrange...

ISBN 978-2-89651-055-9

1. Jeux intellectuels - Ouvrages pour la jeunesse. 2. Jeux-devinettes - Ouvrages pour la jeunesse. 3. Devinettes et énigmes - Ouvrages pour la jeunesse. I. Titre.

GV1493.G76 2007 j793.73 C2006-942113-7

Imprimé en Malaisie